# WALIA

## gwalia

Malcolm 'Slim' Williams

Argraffiad cyntaf: 2018

Rhif Llyfr Safonol Rhyngwladol:
978–1-84527-664-5

Cyhoeddwyd gyda chymorth Cyngor Llyfrau Cymru

Cynllun clawr a dylunio: Charli Britton

Diolch i Amgueddfeydd Birmingham am gael defnyddio'r llun 'Tros Afon' (tud 126)

Cyhoeddir gan Wasg Carreg Gwalch,
12 Iard yr Orsaf, Llanrwst, Conwy, LL26 0EH.
Ffôn: 01492 642031
e-bost: llyfrau@carreg-gwalch.cymru
lle ar y we: www.carreg-gwalch.cymru

Argraffwyd a chyhoeddwyd yng Nghymru

Cyflwynaf y llyfr hwn i

**Iona**

**Ceri a Gordon**

**Meilyr**

**Steffan ac Ellie**

## DIOLCHIADAU

I Myrddin am y cyfle. I bawb sydd wedi cyfrannu gan gynnig
syniadau, lleoliadau, ffeithiau, storïau a hanesion am waliau
– rydych yn rhy niferus i'ch enwi. Diolch hefyd i'r sawl oedd
yn fodlon i mi gynnwys lluniau ohonynt yn y llyfr. Diolch
anferth i Gordon am arweiniad cyfeillgar, i Huw Parry ac
Eilian Wyn Williams am eu hanogaeth.
Diolch i Nia am arwain y ffordd ac am fod yn dyner gyda mi.
I Charles: cyfaill annwyl, dylunio gwych.
Diolch i bawb sydd, fel fi, am ddweud "wel" wrth wal ... a
disgwyl ateb!

# cyflwyniad

Fe'm ganwyd a'm taflwyd i fyny ym Mlaenclydach, y Rhondda. Teulu o wyth – tair cenhedlaeth, taid a nain, mam a thad, brodyr a chefnder, a finne'r unig un ohonynt fu'n ddigon ffodus i gael addysg Gymraeg gynradd ac uwchradd. Braint oedd cael bod dan arweiniad a dylanwad athrawon arbennig Ysgol Gyfun Rhydfelen, yn eu mysg Mr Gareth Evans, a aildaniodd fy hoffter o ffotograffiaeth. Diolch iddo. Es ymlaen i astudio'r celfyddydau cain yn y Coleg Normal. Wedi gadael y coleg yng nghanol y 1970au dyma gymryd pythefnos o hoe cyn dechrau gweithio i BBC Cymru – swydd a ddatblygodd yn yrfa hir a hapus yn y cyfryngau.

Yn ystod fy ngyrfa yn gyfarwyddwr rhaglenni teledu, yn enwedig *Cefn Gwlad* yng nghwmni Dai Jones Llanilar i S4C, a *History Hunters* gyda'r diweddar John Davies Bwlch-llan i'r BBC, bûm yn ffodus i gael teithio i bob cwr o Gymru, yn wlad a thref, a chyfweld a siarad â llawer o bobl am destunau dirifedi. Yn aml, wrth edrych ar y golygfeydd o 'mlaen, deuai geiriau'r diweddar Athro Gwyn Alf Williams i'm cof: 'If you love Wales you've got to love every sod of her.' Tyfodd fy hoffter – na, fy nghariad, tuag at dirlun amrywiol y 'Walia Wen',

a byddwn yn profi golygfa ddramatig weithiau, un fwyn ar adegau eraill, ond byth yn cael fy siomi. Dros y blynyddoedd fe'm swynwyd gan un elfen arbennig. Elfen ag iddi amrywiaeth eang. Yr elfen honno? Wal! Neu'n hytrach, y waliau sydd ar hyd a lled y wlad, yn ein dinasoedd, yn ein trefi, ar lannau môr ac yn yr uchelfannau mynyddig. Mae ein rhagflaenwyr wedi gadael etifeddiaeth gref a diddorol o waliau i ni; waliau o bob lliw a llun, pob un yn unigryw ag iddi hanes arbennig, stori sy'n gorwedd yn fud yn ei cherrig.

Fe'm cyfareddwyd gan y gwahaniaethau yn arddull a chynllun waliau o sir i sir, yn sgil defnyddio carreg leol. Enghreifftiau trawiadol ac unigryw yw'r ffensys llechi glas – y crawiau – a welir yn ardaloedd chwareli Gwynedd. Yn ystod yr holl grwydro byddai camera a llyfr nodiadau'n hwylus gerllaw i gofnodi waliau difyr ac yn ysgogiad i mi ymchwilio.

Byddaf yn rhyfeddu at hyd ambell wal sy'n ymestyn dros fryn i waelod cwm er mwyn dynodi ffin a therfyn tiriogaeth, ac yn synnu at uchder sawl wal sy'n datgan 'cadwch allan'. Synnaf wrth feddwl am y sawl a gododd aml faen i'w le, megis mewn wal orchest,

a'r nerth bôn braich yr oedd ei angen i wneud hynny.

Does dim dwywaith nad yw waliau'n datgan rhywbeth am eu perchnogion hefyd. Wal sy'n sgrechian 'fi fawr' yw wal yr anifeiliaid, sy'n arwain at dŵr cloc castell Caerdydd, wal a noddwyd gan y trydydd Marcwis Bute.

Mae'n deg gofyn lle fydden ni heb waliau – yn yr awyr agored neu o dan ddŵr, o bosib? Ystyriwch y nifer, yr amrywiaeth, y lliw, y llun, y pwrpas sydd i waliau. Waliau i'n cadw i mewn, i'n caethiwo, i'n cadw allan, i ddynodi lleoliadau at bwrpas arbennig ym meysydd crefydd ac amaeth; yn anheddau, carchardai, ysbytai, tai mawr a thai bach, a senedd-dai! Pwy a'u hadeiladodd, pryd, sut a pham? Difyr iawn yw'r gwaith ymchwil i geisio ateb rhai o'r cwestiynau hyn a datrys dirgelion rhai o'r waliau, ond nid pob un, o bell ffordd.

Roedd crynhoi toreth o luniau, deunydd blynyddoedd, i'w cynnwys yn llyfr hwn yn llafur cariad, a sylweddolais eto fy mod yn 'caru pob tywarchen ohoni'.

Gobeithiaf yn ddiffuant y cewch gymaint o fwynhad o ddarllen ac edrych ar gynnwys y llyfr ag y cefais i yn gwrando, darllen, sgwrsio, syllu a thynnu!

Hwyl,

**Slim**

# CYNNWYS

| | Lluniau dechrau'r penodau | |
|---|---|---|
| 1 | **Amaethyddiaeth** | Beudy traddodiadol ardal Cricieth |
| 2 | **Tai bach a mawr** | Castell y Bere, Dyffryn Dysynni |
| 3 | **Ardaloedd llechi** | Tomen lechi chwarel Penrhyn a'r Carneddau |
| 4 | **Adeiladau sinc** | To sinc neuadd bentref Ganllwyd |
| 5 | **Diwydiannnau** | Mynydd Parys, Amlwch, Ynys Môn |
| 6 | **Tafarndai a chaffis** | Tafarn y Pandy, Ton y Pandy, Y Rhondda |
| 7 | **Waliau cynhanesyddol** | Mynedfa siambr gladdu Bryn Celli Ddu, Llanddaniel Fab |
| 8 | **Y Cymoedd** | Tai teras, Llwynypia, Y Rhondda |
| 9 | **Capeli ac eglwysi** | Hen gapel Lligwy a gwregys Orion |
| 10 | **Dŵr** | Tonnau'r gorllewin |
| 11 | **Masnach** | Arcêd y Castell, Caerdydd |
| 12 | **Lerpwl** | Adar Liver |
| 13 | **Ar yr A5** | Carreg filltir wreiddiol |
| 14 | **Waliau hynod** | Neuadd Hafoty, Penmon |

# rhagair

'Tra môr yn fur ...'

Ydan, rydan ni'r Cymry yn gwerthfawrogi grym a symboliaeth yr hyn sy'n gysgod ac yn amddiffyn, a bu'r muriau o'n cwmpas yn denu diddordeb Slim gydol ei oes.

Slim oedd fy nghynhyrchydd radio cyntaf, ac yntau wedi rhoi swydd i mi fel cyw-gohebydd yn fy arddegau cynnar ar ei gyfres i blant ar Radio Cymru, *Ti, Fi a Radio*. Dechreuodd ddysgu i mi'r grefft o greu lluniau gyda geiriau. Ond yn ogystal â rhoi anogaeth i greu delweddau ar lafar a gyda phensil a phapur, doedd camera byth ymhell o afael Slim ychwaith, er mwyn cofnodi delweddau ar ffilm. Yma, ceir cronicl o'r Gymru a welodd o drwy'r lens.

Drwy gyfuno'r cyfarwydd, y cuddiedig a'r hudolus gyfrinachol, mae'r gyfrol yma yn ennyn rhyfeddod am y wlad o'n cwmpas. Ceir yma lefydd y byddwch yn eu hadnabod yn dda, a nodweddion na sylwoch arnyn nhw o'r blaen. Mae yma'r mawreddog a'r syml, o gastell i dŷ bach, a hyd yn oed tai bach mewn castell! Gwelwch grefft y waliwr sych a chell dihirod Meirionnydd, cewch furiau tafarn ac addoldy, muriau i ddal dŵr llyn neu i fedi ynni dŵr y môr.

Ym Mharadwys, lle'r wyf i'n byw, mae cwt i foch Môn. Mewn rhannau eraill o Gymru, mae corlan i gwningod, wal llawn gwenyn mêl, pilipala i gysgodi'r defaid, a mur dinesig y dihangodd holl greaduriaid Noa drosto! Ceir waliau sy'n siapio ein tirwedd ac yn cynnal toeau cartref, hamdden a diwydiant, a gyda gair o gyd-destun ac eglurhad o hanes, daw dirgelion ffyrdd a ffriddoedd Cymru yn fyw.

Porwch drwy'r tudalennau, ac mewn llun a gair, ewch ar daith o amgylch Walia Gwalia!

**Rhun ap Iorwerth**

PENNOD 1

# Amaethyddiaeth

## Cysgod i'r ddafad,
## Nant Ffrancon

O fro i fro, o lawr gwlad i ben mynydd, mae campwaith a llafur diflino crefftwyr lleol i'w gweld yn y milltiroedd o waliau cerrig sychion ac adeiladau amaeth. Mae'n amhosib peidio â chael eich cyfareddu gyda'u lliw a'u llun, yr amrywiaeth yn y cerrig a'r arddulliau adeiladu.

Yn dringo'n serth o lawr y cwm i fyny ystlys llechweddog yr Elen mae wal sy'n nodweddiadol o waliau ardal Eryri. Yn ogystal â gwahanu un cae oddi wrth un arall neu oddi wrth gynefin mynydd, mae'r wal hefyd yn cynnig cysgod i anifail a dyn mewn tywydd gwael.

Yng nghysgod Tryfan a Chwm Idwal mae ardal Nant Ffrancon, gyda'i hen ffordd Rufeinig a llwybr natur Fferm Blaen y Nant (dde, uchod), ymysg y mwyaf difyr yn Eryri. Yma, gwelwch waliau cerrig arbennig a'r crawiau unigryw (mwy am y rheiny yn nes ymlaen). Ar y llwybr natur bydd y craffaf yn gweld neu glywed llygoden bengron y dŵr, gwyddau Canada a gwyfynod prin.

## Wal derfyn yng nghysgod Craig yr Ogof

Saif Cwm Silyn ar ymyl de-orllewinol Dyffryn Nantlle, dan Grib Nantlle a phig trionglog Craig yr Ogof neu Graig Cwm Silyn. Yma mae wal derfyn a'i chlwyd rydlyd yn gwahanu tir amaeth oddi wrth yr ucheldir uwchben. Er cystal yw adeiladwaith y wal, mae'n edrych yn bitw o'i chymharu â'r clogwyn mawreddog sy'n ei chysgodi, sef Clogwyn y Cysgod.

Tua chilomedr i'r gorllewin tuag at Lanllyfni, ar y Rhos Las, mae wal derfyn arall, gyda thir mynydd ar un ochr a thir amaeth ar yr ochr arall. O lawr gwlad mae hi'n ymestyn am gopa Carnedd Goch, ond tybed pam mae sawl tro neu gornel a siâp petryal heb ei gwblhau? Efallai y bu dadl am berchnogaeth tir. Mae olion adeilad i'w gweld yng nghanol y maes – tybed a oedd bwriad i greu cae i amgylchynu'r adeilad wrth adeiladu'r wal olaf?

## Tyddyn Maen y Gaseg

Mae adfail hen dyddyn Maen y Gaseg i'w weld wrth nesáu at Lanllyfni. Casglwyd cerrig lleol i adeiladu'r tŷ, naill ai o blith rhai oedd wedi brigo i wyneb y ddaear neu o wely afon gyfagos. Yn unol â'r traddodiad lleol mae arno do llechi, ond hefyd mae llechi mawrion yn adeiladwaith y simneiau er mwyn gwyro'r glaw o'r talcenni. Neilltuwyd rhan o'r adeilad ar gyfer y teulu a rhan ohono ar gyfer anifeiliaid. O flaen y drws i'r tŷ mae'r cyntedd gyda'i wyneb llyfn digymeriad – ychwanegiad diweddarach i'r tŷ gwreiddiol. Newid arall dros y blynyddoedd yw'r ffenestri metel yn lle'r rhai pren gwreiddiol. Fel sawl hen aelwyd mae Maen y Gaseg yn dirywio dan effaith cyson yr elfennau. Gan wynebu gwynt, glaw a rhew dros y blynyddoedd mae'n anochel y bydd y cerrig yn disgyn yn ôl i le y daethant ymhen amser.

 Yng ngolau gwridog hwyrddydd braf o aeaf mae olion Maen y Gaseg yn creu delwedd ramantus o fywyd syml mewn oes a fu.

## Corlannau pilipala Cwm Anafon

Yng ngwm Anafon, rhwng mynyddoedd Llwytmor a'r Drosgl nid nepell o Abergwyngregyn, mae'r corlannau pilipala hyn i'w gweld. Tybed ai'r rhain yw rhai mwyaf cymhleth a chywrain Cymru? Cyn dyfodiad y cafn dipio dyma oedd y dull lleol o ddidoli defaid adeg gaeafu neu wyna – mogiaid i un siambr, hyrddod i un arall, ŵyn i un arall – cyn eu gyrru drwy afon Anafon. Erbyn heddiw, dim ond llif ysgafn sydd i'r afon o ganlyniad i adeiladu argae yn uwch i fyny'r cwm i ddiwallu anghenion dŵr ffres Abergwyngregyn a Llanfairfechan.

Adar eithaf prin sydd i'w gweld yn achlysurol yn ardal Llyn Anafon yw'r frân goesgoch a'r gwalch marth.

## Trwsio waliau, Dyffryn Nantlle

Gan fod y waliau hyn yn sefyll ers canrif neu fwy, mae'n anorfod eu bod wedi dioddef dan effaith y tywydd garw, yn wynt, glaw, eira a rhew, ac yn dadfeilio mewn mannau. Yma gwelir effaith erydu gan lif y dŵr oddi ar Fynydd Mawr uwchben Nantlle ar fôn y wal. Er mwyn arbed y strwythur rhag niwed pellach bydd yn rhaid galw ar arbenigedd crefftwyr. Gwaith llafurus, sy'n galw am lygad craff a nerth bôn braich; gwaith sydd wedi newid fawr ddim ers canrifoedd.

## Cell Dihirod uwchben afon Mawddach

Rhed hen ffordd borthmyn o Harlech i lawr am Ddolgellau, gyda'r môr i'r gorllewin a mynyddoedd y Rhinogydd a Diffwys i'r dwyrain iddi. Cyn cyrraedd Abermaw mae'r ffordd yn gwyro i'r chwith, i'r dwyrain dros Bont Ysgethin ac i fyny am Fwlch y Rhiwgyr. O'r bwlch aiff y ffordd yn ei blaen i lawr i'r de-ddwyrain am Ddolgellau, canolbarth Cymru a Lloegr.

Uwchben ochr ogleddol afon Mawddach mae lleoliad Fferm Sylfaen. Ar lethrau uchaf (gogleddol) tir amaeth y Sylfaen mae adfail tebyg i dwlc mochyn – ond nid dyna mohono. Bu'r adeilad bach hwn yn gell anghysurus i'r trueiniaid hynny oedd yn gorfod ei defnyddio ers talwm. Yn Nolgellau y cynhaliwyd Llys y Goron ar gyfer y rhan yma o Gymru, ac i'r fan honno y bu'n rhaid i sawl troseddwr gerdded milltiroedd ar draws gwlad, ym mhob tywydd, i sefyll o flaen ei well. Yr arferiad oedd clymu'r troseddwr at anifail oedd dan ofal porthmon yn ogystal â phlismon. Byddai'r daith araf yn para tua deuddydd ac yn cynnwys cyfnodau i borthi anifeiliaid ac arhosiad dros nos i'r dihiryn anffodus yn y gell gyfyng, damp ac oer hon – profiad oedd yn siŵr o fod yn debyg i dreulio oriau mewn arch neu fedd.

## Waliau hynafol Dyffryn Ardudwy a'r cyffiniau

Yn ardal Dyffryn Ardudwy mae'r tirlun, gyda'i waliau unigryw, ymysg yr harddaf yng Nghymru. Pob carreg ym mhob wal wedi brigo i wyneb y tir, miloedd ohonynt rywbryd rywdro wedi'u clirio o'r caeau gan amaethwyr wrth iddyn nhw drin y tir. Fe'u casglwyd yn bentyrrau er mwyn eu defnyddio i greu'r waliau maes o law. Mae ambell wal bron yn ddwy fedr o drwch a sawl un yn cynnwys adwy ddafad.

Yn ôl hen grefftwyr, os yw saer maen yn cydio mewn carreg ni ddylid ei gollwng nes cael lle iddi mewn wal. Ac mae Medwyn Evans, Wern Cynyddion, brodor o Ddyffryn Ardudwy sydd wedi adeiladu a thrwsio waliau yn yr ardal, yn profi'r wireb honno. Er ei fod yn defnyddio peiriannau i symud y cerrig mawrion, â llaw mae gwaith cywrain a manwl Medwyn wedi'i wneud. Mae wedi troi'r grefft yn gelfyddyd, a bydd ei waliau'n destament iddo am ganrifoedd i ddod.

## Waliau gorchest y Lôn Goed, Eifionydd

Adeiladwyd Lôn Goed Eifionydd i gario calch o borthladd Afon-wen i fyny hyd at Hendre Cennin er mwyn gwella ansawdd tir amaeth Ystad Mostyn. Mae gweddillion waliau cerrig rhwng coed ynn tal y Lôn Goed. Mae ambell ran o'r waliau yn edrych yn rhyfedd, fel petaent wedi'u hadeiladu ben i waered. Gan y diweddar Barchedig Robin Williams y clywais mai 'waliau gorchest' yw'r rhain, a'r esboniad am sut y daethant i fodolaeth.

Dychmygwch brynhawn Sadwrn braf, gwaith yr wythnos wedi'i gwblhau a chriw o lafnau ifanc yr ardal yn ymgynnull ac yn cicio sodlau heb fawr ddim i'w wneud, ac un ohonynt yn herio'r lleill i weld pwy allai godi'r garreg fwyaf i ben wal. Cyfeirir at y cerrig mawrion hyn fel 'cerrig gorchest' hefyd, ac mae'n amlwg i'r arfer ddod yn boblogaidd yn yr ardal. Tybed a fu herio tebyg mewn mannau eraill yng Nghymru?

## Y Pownd, Trefdraeth, Penfro

Pownd i gadw gwartheg oedd yn crwydro o'u cynefin a'u ffermydd yn y bedwaredd ganrif ar bymtheg yw hwn. Mae'n glawdd crwn tua 10 medr o ddiamedr oddi mewn ac 1.5 medr o uchder. Rhaid oedd talu dirwy i gael anifail yn ôl o'r pownd.

## Paradwys i foch

Bu Ynys Môn yn enwog am ei moch, ac mae'n siŵr mai at yr anifail ac nid ei thrigolion yr oedd y dywediad 'moch Môn' yn cyfeirio. Ger tyddynnod ar hyd yr ynys mae olion sawl twlc i'w gweld, ac ymysg y pertaf ohonynt, ym Mharadwys, ac wedi ei adeiladu i strwythur yr hen dŷ, mae twlc hanner crwn. Mae agoriadau bach ar ymyl ucha'r wal gron er mwyn bwydo, ac roedd yr adeilad carreg isel a chrwn yn berffaith i warchod mochyn rhag oerni'r gwynt a gwres yr haul.

# Tai bach a mawr

## Adwy'r plant, Stad Glynllifon

Dros gyfnod o saith mlynedd ar ddechrau'r bedwaredd ganrif ar bymtheg yr adeiladwyd wal saith milltir o hyd o amgylch Stad Glynllifon a'i blasty moethus. Eryrod, llew a thri bwa sy'n croesawu ymwelwyr i'r stad, ond dafliad carreg o'r fynedfa rodresgar hon bu'n rhaid chwalu rhan o'r wal wreiddiol er mwyn rhoi mynediad mwy hwylus i blant Cymru pan gynhaliwyd Eisteddfod yr Urdd yno yn 2012. Erbyn heddiw mae'r adwy newydd yn cynnwys clwyd syml, gyfoes.

## Tai bach hedegog Conwy

Yn llechu'n gyfleus ac yn uchel ym mur tref gaerog Conwy, mae deuddeg tŷ bach. Dyma'r mannau uchel-ael lle bu ymwelwyr bonheddig i gastell Edward I yn gwneud eu busnes yn yr Oesoedd Canol! Eisteddai'r cyfrannydd dros dwll mewn bwrdd pren mewn siambr yn uchel ar ochr y mur, a disgynnai'r baw i'r ddaear y tu allan i'r gaer. *Garderobe* oedd yr enw ar y tŷ bach moethus hwn, a oedd hefyd yn fan i gadw dillad, gan mai'r gred oedd bod arogleuon naturiol yr ystafell yn atal gwyfynod rhag bwyta'r brethyn. Gwnaed y profiad yn fwy pleserus drwy roi perlysiau yno. Tybed a gafodd ambell Gymro â'i fwa a'i saeth ei demtio i saethu at darged amlwg yn y wal?

## Caer Deganwy

Wrth edrych dros aber afon Conwy o gornel orllewinol mur y dref gwelir bryniau isel Craig Deganwy, lle bu Caer Deganwy neu Gastell y Cymry, a fu'n gadarnle milwrol o adeg y Rhufeiniaid hyd y canol oesoedd. Roedd yn bencadlys i Faelgwn Gwynedd (520–547 OC). Mae sôn bod Edward I wedi gorchymyn defnyddio'r cerrig o 'Gastell y Cymry' yn ei gastell yng Nghonwy er mwyn rhwystro'r Cymry rhag ailgodi cadarnle arall yn yr ardal.

## Muriau tref Conwy

Er nad yw'n bosib cerdded ar hyd holl waliau tref gaerog Conwy, mae'r rhannau hynny sy'n agored i'w cerdded yn ddigon difyr. O'r muriau mae golygfeydd godidog – paradwys i'r ffotograffydd neu'r artist.

## Tai bach hedegog Dinbych-y-pysgod

Nid Conwy yw'r unig dref sy'n medru brolio bod ganddi doiledau hedegog neu uchel-ael. Bu'n ffasiynol yn Ninbych-y-pysgod yn oes Fictoria i osod tai bach o'r golwg mewn estyniadau bach pwrpasol yng nghefnau'r tai uwch y cei a'r môr, ac mae ambell un wedi goroesi hyd heddiw. Mae'r enghraifft yma'n dangos eu bod wedi eu gosod mewn man digon dramatig, er nad oedden nhw'n cystadlu â'r gwylanod yn yr un modd â thai bach Castell Conwy!

## Tŷ bach Tonypandy

Gyda thranc y diwydiant glo yn y 1980au chwalwyd a chliriwyd y gweithfeydd o'r tir, gwastatawyd y tomennydd a gyda'r diweithdra dilynol gwelwyd nifer helaeth o sefydliadau, yn dafarndai a chlybiau cymdeithasol, yn cau.

Yn sgil hyn caewyd a chwalwyd adeiladau arbennig fu'n bwysig ac amlwg yn y cymoedd, sef tai bach cyhoeddus i ddynion. Un o'r ychydig rai sy'n dal i ddiwallu'r angen yw'r droethfa *(urinal)* yn Nhonypandy, y Rhondda Fawr. Saif hwn mewn man lle bu tri phwll a nifer helaeth o sefydliadau yfed cwrw cyfagos.

## Carchardai yr Wyddgrug a Rhuthun

Oherwydd yr amodau gwarthus oedd yng ngharchar gorlawn y Fflint yn y bedwaredd ganrif ar bymtheg, adeiladwyd carchar yr Wyddgrug (uchod) yn 1871. Ond erbyn 1878 disodlwyd hwnnw fel carchar sirol gan garchar Rhuthun (chwith a dde). Ymhen amser, gwerthwyd adeilad carchar yr Wyddgrug i'r Eglwys Gatholig ac fe'i defnyddiwyd fel coleg penyd i fechgyn Catholig. Erbyn heddiw, wal gefn go nobl i dai preifat yw mur y carchar.

## Y Tŷ Crwn, Abermaw

Adeilad crwn yw hwn – rheinws, fel y'i gelwir ar yr arwydd y tu allan – gydag un wal sengl yn ei ganol yn ei rannu'n ddwy ystafell lem ac oer. Yn yr ystafelloedd, mae tŷ bach a gwely pren caled, anghysurus. Celloedd i gadw meddwon nes iddynt sobri oeddynt, y ddwy ystafell o faint cyfartal – un ar gyfer dynion a'r llall i fenywod. Yn ôl y dyfyniad ar yr arwydd, "Arferai fyw yn Abermaw bryd hynny nifer o'r rhyw deg a fyddai yn arferol yn peri terfysg". Yn achlysurol caewyd troseddwyr yno nes y byddent yn cael eu trosglwyddo i sefyll o flaen eu gwell mewn llys barn; yn Nolgellau, mwy na thebyg. Adeiladwyd y Tŷ Crwn yn 1834, a daeth ei ddefnydd i ben yn 1861 pan adeiladwyd Gorsaf Heddlu Abermaw.

# Ardaloedd y Llechi

## Crawiau Cwm Llan

Yn y bedwaredd ganrif ar bymtheg daeth ffensys o lechi i'r amlwg yng ngogledd Cymru – dull sy'n unigryw i ardaloedd y chwareli llechi. Yn nyffryn crog Cwm Llan ger Lliwedd a'r Wyddfa mae corlannau Plas y Llan wedi'u gwneud o wastraff llechi'r chwarel leol. Fe'u gelwir yn 'crawiau'; pob llechen yn sefyll fel cerrig bedd mewn rhes. Ymlwybra Llwybr Watkin o bentref Bethania, Nant Gwynant, ger Llyn Dinas, heibio crawiau Plas y Llan, Craig Gladstone ac ymlaen i gopa'r Wyddfa. Llwybr Watkin oedd y llwybr cyntaf ym Mhrydain i gael ei ddynodi'n llwybr cyhoeddus swyddogol. Y rhyddfrydwr o aelod seneddol Edward Watkin dalodd i greu'r llwybr, gan wahodd ei gyfaill, y Prif Weinidog Wiliam Gladstone, i'w agor yn swyddogol ym Medi 1892. Achubodd Gladstone ar y cyfle i annerch i dorf sylweddol am 'gyfiawnder i Gymru'. Hyd heddiw, mae'r graig y safodd Gladstone arni yn cael ei hadnabod fel Craig Gladstone. Mae crawiau tebyg, yr un mor drawiadol, yn Nant Ffrancon (gyferbyn).

## Crawiau Sling

Enghraifft arall o grawiau yw'r rheiny yn Sling, Bethesda; ardal sy'n dal i gynhyrchu llechi yn Chwarel y Penrhyn. Dynodi ffin rhwng gerddi tai chwarelwyr mae'r crawiau hyn.

## Y Barics

Uwchben Llanberis, ar lethrau Elidir Fawr, mae chwarel Dinorwig. Yno mae Barics Ynys Môn, teras o hen dai chwarelwyr – dwy res o dai wedi'u hadeiladu o lechen, un ar ddeg o dai'r naill ochr a'r llall, yn lojins i wyth deg wyth chwarelwr, pedwar i bob tŷ. Arferai chwarelwyr o Ynys Môn deithio ben bore Llun i'w gwaith wythnosol yn y chwarel a dychwelyd adref i Ynys Môn ar brynhawn Sadwrn. Ym mhob un o dai'r barics roedd stafell wely a chegin, heb drydan na dŵr. Caewyd y Barics yn 1948 yn dilyn datganiad goruchwyliwr iechyd nad oedd yr anheddau yn 'addas at eu pwrpas'. O hynny ymlaen, teithio ar fws yn ddyddiol fu'r chwarelwyr.

Tra oeddwn yn tynnu'r llun sylwais sut y mae toeau'r teras yn debyg i amlinell crib y mynyddoedd yn y cefndir. Saif y Barics ar ymyl un o nifer o lwybrau sy'n nadreddu drwy Barc Gwledig Padarn, Llanberis. Yn y Gwanwyn mae'n bosib gweld y wybedog fraith, fydd wedi hedfan o ogledd Affrica i nythu yma. Gall fod boncath yn bodio ar y gwynt yno, ac efallai y dewch ar draws y geifr sy'n crwydro'r llethrau.

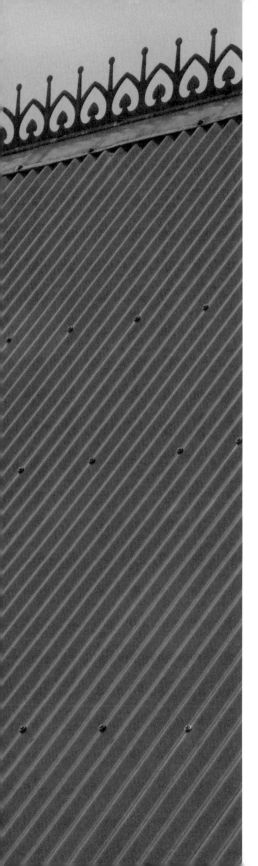

# Adeiladau Sinc

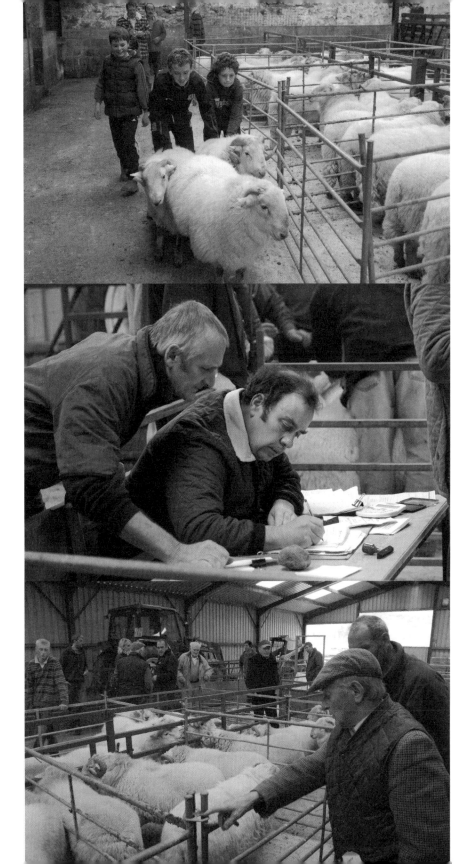

## Siediau Dyffryn Gwynant

Dyfeisiwyd sinc neu haearn tonnog (*corrugated iron*) ym Mhrydain yn 1820. Profwyd bod haearn tonnog yn ysgafnach a chryfach ac yn rhatach i'w gynhyrchu na haearn gwastad cyffelyb ei faint. Fe'i defnyddiwyd yn helaeth ar doeau a waliau adeiladau ledled y byd. Yng Nghymru mae i'w weld yn aml ar bob math o adeiladau, gan gynnwys ysguboriau a siediau yn ogystal â chapeli, eglwysi a neuaddau pentref.

Un o uchafbwyntiau'r flwyddyn amaethyddol yw'r arwerthiannau hyrddod blynyddol bob mis Medi. Ond yn hytrach na mynd i'r mart bydd sawl fferm yn cynnal sêl flynyddol yr hyrddod yn y fan a'r lle. Enghraifft o hyn yw Gwastadanas, Dyffryn Gwynant. Bydd yr arwerthwr lleol ac amaethwyr o bell ac agos yn teithio i'r ddefod bwysig yn y siediau, ac ynddynt – fel ym Mart Dolgellau neu Dregaron – bydd arian mawr yn cyfnewid dwylo am feheryn o ansawdd arbennig. Bydd pob bridiwr yno'n trin a pharatoi eu hanifeiliaid fel eu bod yn edrych ar eu gorau cyn eu troi i'r cylch i fynd o dan lygaid craff y prynwyr a morthwyl yr ocsiwnïer.

## Tafarn Sinc Preseli, Rhos y Bwlch, Maenclochog

Saif y Dafarn Sinc neu'r Dafarn Haearn ar odre deheuol mynyddoedd y Preseli ym mhentref Rhos y Bwlch. Yn 1876, er mwyn cludo cynnyrch ei chwareli lechi (y Gwarre Slâts) lleol, talodd Edward Cropper, perchennog y chwarel, am adeiladu ac ymestyn y rheilffordd o Glunderwen i Rhos y Bwlch. Yn sgil y chwarel a'r rheilffordd, datblygodd yr ardal wledig ddiarffordd hon yn bentref bach diwydiannol a welodd ei boblogaeth yn cynyddu'n sydyn i 179. Adeiladwyd un teras o dai ar gyfer gweithwyr y chwarel.

Yn ystod yr un cyfnod, ceisiodd Joseph Macaulay, cyfaill uchelgeisiol i Cropper, ddatblygu'r pentref yn bentref gwyliau tebyg i Landrindod – yn cynnig 'dyfroedd llesol' ac 'awyr iach', gyda rhodfeydd dros bontydd del, pagodas Tsieineaidd, stablau a llynnoedd. Adeiladwyd The Precelly Hotel ar gyfer yr ymwelwyr a fyddai'n heidio yno. Yn sgil profi ansawdd y dŵr a chanfod nad oedd yn 'llesol', methiant fu menter y pentref gwyliau.

Erbyn troad yr ugeinfed ganrif edwinodd y chwarel a dychwelodd Rhos y Bwlch i fod yn bentref gwledig tawel, gan adael The Iron Hotel/Y Dafarn Sinc at ddefnydd y bobl leol.

Caewyd drysau'r gwesty bron i ganrif yn ddiweddarach yn 1992, a'r adeilad mewn cyflwr truenus. Prynwyd y dafarn gan ŵr a gwraig lleol, Brian a Brenda Llewelyn, a'i ail-greu yn ganolbwynt poblogaidd i'r ardal. Yn 2017 gydag ymddeoliad y teulu, prynwyd y Dafarn Sinc gan fenter gymunedol. Erbyn heddiw mae'r dafarn Gymraeg a Chymreig ei naws yn denu cwsmeriaid o bell ac agos ac yn cynnig bwyd a diod da. Pren yw'r waliau, y nenfydau a'r lloriau y tu mewn, deunydd sy'n creu naws cynnes a chartrefol. Addaswyd hen blatfform yr orsaf yn ardd gwrw i'r dafarn. Heddiw, mae'r ardal yn gyrchfan i gerddwyr a beicwyr mynydd.

## Neuadd Eglwys Eglwys-fach ger Machynlleth

Roedd neuadd eglwys Eglwys-fach ger Machynlleth ar restr fer cystadleuaeth y Fedal Aur ar gyfer Cynllunio Pensaernïol yn Eisteddfod Genedlaethol 2013. Dengys fod sinc yn parhau i fod yn ddefnydd adeiladu hwylus.

# Neuadd y Jiwbilî, Pumsaint

Enghraifft o neuadd bentref sinc. Adeiladwyd yn 1903 i ddathlu coroni Edward VII.

## Ystafelloedd darllen a biliards y Sailors' Institute, Abermaw

Ar y stryd fawr o flaen y cei yn Abermaw mae sied sinc Ystafelloedd Darllen a Biliards y Sailors' Institute. O'r tu allan mae'n adeilad hyll braidd, ond y tu mewn mae'r ystafell ddarllen o bren yn gysurus a chartrefol.

Roedd Sefydliadau'r Morwyr yn gyffredin ym mhentrefi glan môr Prydain ar ddiwedd y bedwaredd ganrif ar bymtheg. Gyda dyfodiad rheilffyrdd ledled y wlad, bu llai o hwylio o'r porthladdoedd bychain a thyfodd y porthladdoedd mawrion, megis Caerdydd a Lerpwl, i wasanaethu a chynnal llongau mwy o faint oedd yn mentro ar fordeithiau hir a allai bara hyd at ddwy flynedd. Yn sgil hyn ymunodd llawer o forwyr lleol â'r llongau mawrion, gan adael eu teuluoedd a'u cartrefi am fisoedd lawer. Prif ddiben y Sefydliadau oedd galluogi teuluoedd morwyr i dderbyn newyddion a darllen *Lloyd's Register of Ships*, cofrestr oedd yn nodi manylion pob mordaith o bob porthladd ym Mhrydain. Y Parchedig Edward Hughes, rheithor Abermaw, ysgogodd sefydlu *Sailors' Institute* y dref yn 1890, er mwyn cadw ysbryd y plwyfolion yn absenoldeb eu gwŷr, tadau a meibion.

## Adeiladwr, Blaenau Ffestiniog

Bydd gan bentrefi ledled Cymru eu hadeiladwyr lleol, a nifer o'r busnesau yn trosglwyddo o un genhedlaeth i'r llall.

Enghraifft o bencadlys cwmni teuluol sy'n dal y llygad yw hwn ym Mlaenau Ffestiniog.

# Diwydiannau

## Y Ledis Gwynion, Mynachdy, Ynys Môn

Oherwydd y creigiau a'r ynysoedd bychain twyllodrus sydd o dan wyneb y dŵr, mae'r dyfroedd ger Trwyn y Gader (Penrhyn Carmel) yn her i unrhyw forwr. Mae hanes nifer sylweddol o longddrylliadau yn dystiolaeth i hyn. Ond, ers dros ganrif, mae morwyr wedi diolch am y tyrau tal, gwyn, Y Ledis Gwynion, sy'n eu cyfeirio'n ddiogel o amgylch y penrhyn. Wrth weld y ddwy mewn cytgord, mewn llinell yn union y tu cefn i ynys fechan Maen y Bugail, lle saif tŵr gwyn arall, gwyddent fod angen cadw i'r ochr dde (sef y gogledd), a hwylio o amgylch Ynysoedd y Moelrhoniaid. Dyna'r ffordd ddiogel i lywio am Gaergybi a môr Iwerddon.

Gelwir Trwyn y Gader yn ardal Llanfair-yng-Nghornwy yn 'yr Ardal Wyllt' ar lafar gwlad. Serch hynny, yma mae llwybr arfordir Ynys Môn a Chymru ar ei hyfrytaf, yn pasio Bae Cemlyn sy'n lloches i sawl rhywogaeth o fôr-wennol. Mae eglwys Llanrhwydrys, sydd yng nghanol caeau heb lôn yn arwain ati, yn werth ei gweld.

## Morglawdd Caergybi

Dyma forglawdd hiraf Prydain, a adeiladwyd rhwng 1845 ac 1873 i greu lloches i'r nifer cynyddol o longau oedd yn teithio'n ôl a blaen o Gymru i Iwerddon yn sgil cwblhau priffordd yr A5 o Lundain i Gaergybi, dan arweiniad y peiriannydd enwog Thomas Telford. Yn 2.7 km o hyd, cloddiwyd 7 miliwn tunnell o garreg o Fynydd Twr gerllaw i'w greu. Erbyn hyn mae'r chwarel a gyflenwodd y cerrig yn barc natur lle mae modd cael cipolwg ar nifer helaeth o adar. Os methwch â'u hadnabod, trowch at bosteri o beintiadau'r artist enwog o naturiaethwr, Charles F. Tunnicliffe, sy'n addurno waliau'r hen weithfeydd chwarel.

## Odynau brics Porth Wen, Ynys Môn

Erbyn troad yr ugeinfed ganrif roedd gwneud brics wedi'i hen sefydlu ym Mhorth Wen, Ynys Môn. Diwygiwyd y busnes gan berchennog newydd o'r enw Charles Tidy yn 1908, a dan ei arweiniad ef cynhyrchwyd brics o safon uchel yno. Roedd galw am frics gwydn oedd yn medru gwrthsefyll tymheredd uchel o du'r diwydiant haearn yr adeg honno, ac roedd brics Porth Wen yn ateb y galw hwnnw. Canran uchel y silica yn y pridd lleol oedd yn eu gwneud mor gadarn, a'r odynau crwn newydd, tebyg i siâp cewyll neu gychod gwenyn hynafol, oedd y rhai gorau i danio neu bobi'r brics dan wres cyson. Ond er cystal safon y brics, byrhoedlog fu'r diwydiant ym Mhorth Wen gan fod allforio'r cynnyrch a mewnforio tanwydd yn anodd tu hwnt mewn man oedd â cheryntau cryfion gerllaw ac a gâi dywydd anwadal.

## Gwaith Brics Llanlleiana, Ynys Môn

Ychydig i'r gorllewin o Borth Wen mae bryngaer Dinas Gynfor, y man mwyaf gogleddol ar dir mawr Cymru. Mae clogwyni serth ar un ochr a chwm corsiog yr ochr arall; nid nepell o'r gors roedd lleiandy. Ar odre'r bryn wrth geg y gilfach mae olion gwaith brics Porth Llanlleiana. Y wal fwyaf diddorol yn y lleoliad hwn yw'r morglawdd igam-ogam wrth geg y borth – wal ddyfeisgar sy'n gadael i'r tonnau fynd yn ôl ac ymlaen gyda'r llanw a'r trai gan dynnu'r grym dinistriol ohonynt. Ond, erbyn heddiw, mae'r morglawdd yn dioddef ac yn dadfeilio wrth i faint y tonnau gynyddu yn sgil cynhesu byd-eang.

## Gweithfeydd brics Rhiwabon a'r Cylch

Prif ddiwydiant ardal Rhiwabon, Wrecsam, ar ddechrau'r ugeinfed ganrif oedd gwneud brics a theils addurniadol. Ffynnodd y diwydiant ar ddiwedd y bedwaredd ganrif ar bymtheg yn sgil canfod clai o safon uchel yn naear yr ardal. Mae gwaith Dennis of Ruabon, fu'n enwog iawn am greu teils safonol, yn bod o hyd, ond mewnforio a dosbarthu teils y mae erbyn hyn. Does dim un o'r hen weithfeydd yn cynhyrchu deunyddiau mwyach, ond mae cynnyrch cywrain y diwydiant llewyrchus hwn i'w weld o hyd yn y fro. Mae'r addurniadau mewn gerddi ac ar waliau ac adeiladau hynod o'r brics coch, yn arbennig ar stryd gweithwyr 'y Dennis', yn werth eu gweld.

# Tafarndai a chaffis

## Y Dyffryn Arms, Cwm Gwaun

Mae Tafarn y Dyffryn, Cwm Gwaun, yn dawel am y rhan helaeth o'r flwyddyn ond yn brysur tu hwnt gyda thwristiaid yn ystod y tymhorau gwyliau. Nid yw'r dafarn wedi newid ers degawdau dan berchnogaeth Mrs Bessie Davies. Yn ôl ei harfer, bydd Bessie'n tynnu cwrw o'r gasgen i jwg, cyn ei dywallt i wydryn. Ar ôl ei holi ynghylch arwyddocâd y lluniau o'r teulu brenhinol ar y waliau, cefais ateb digon swta: 'Achos o'n nhw 'ma pan gyrhaeddon ni 'ma.'

## Gwesty Trewythen, Llanidloes

Roedd yr 1830au yn gyfnod cythryblus yn hanes gwerin bobl Cymru a Lloegr. Ffurfiwyd mudiad y Siartwyr er mwyn ymladd i gael hawliau i'r gweithiwr cyffredin. Roedd y mudiad am i ddynion, nid yn unig y tirfeddianwyr a'r cyfoethog, gael yr hawl i leisio barn ac i bleidleisio – a hynny'n gyfrinachol – yn ogystal â'r cyfle i gael eu hethol yn aelodau seneddol.

   Yn Llanidloes, yn gynnar yn 1839, arestiwyd tri chynrychiolydd o'r Siartwyr a'u dal dan glo yng Ngwesty Trewythen, a hynny dim ond am iddynt fod yn aelodau o'r mudiad. Ar 30 Ebrill protestiodd nifer helaeth o bentrefwyr Llanidloes gan ryddhau'r tri, ond fe'u hail-arestiwyd, ynghyd â thri deg dau o'r pentrefwyr. Dedfrydwyd tri i alltudiaeth a charcharwyd nifer ohonynt am gyfnodau hir.

## Hafod Eryri

Heb os, Hafod Eryri yw'r caffi uchaf yng Nghymru a Lloegr. Bu adeilad ar gopa'r Wyddfa (Gwyddfa Rhita Gawr i roi ei enw cywir iddo) yn cynnig bwyd a diod i ymwelwyr er 1838, a phan gyrhaeddodd rheilffordd y 'trên bach' y copa yn 1896 adeiladwyd llety bach a swyddfa docynnau. Adeiladwyd fersiwn newydd o gaffi'r copa yn 1934 i gynllun gan Clough Williams-Ellis, sy'n adnabyddus am ei bentref Eidalaidd ym Mhortmeirion. Erbyn diwedd yr ugeinfed ganrif roedd yr adeilad hwnnw, fel llwybrau'r mynydd, wedi hen flino a dirywio, felly cynlluniwyd adeilad o'r newydd er mwyn gwasanaethu'r cannoedd o filoedd o bererinion cyfoes. Ym Mehefin 2009 agorwyd Hafod Eryri, a gostiodd dros £8 miliwn i'w adeiladu.

## Caffi Pen Ceunant

Ar waelod y llwybr nid nepell o Lanberis saif
Caffi Pen Ceunant. Cartref y coedwigwr lleol
oedd y tŷ yn wreiddiol, ond erbyn hyn mae'n
gartref ac yn gaffi croesawgar sy'n olygfa
galonogol wrth ddod i lawr o ben yr Wyddfa i
gyfeiriad pentref Llanberis.

Y tu mewn cewch groeso cynnes gan Steffan
Roberts, y perchennog. O flaen tân go iawn
gyda diod boeth a'r bara brith gorau erioed,
ac ymysg dodrefn diddorol sy'n cynnwys
harmoniwm o Unol Daleithiau America,
byddwch dan swyngyfaredd.

Saif y caffi ar ymyl yr hyn sy'n weddill o
goedwig gollddail hynafol, o dderi yn bennaf.
Wrth gerdded heibio'r goedwig, hwyrach y
cewch gipolwg ar amrywiaeth eang o adar y
goedwig – delor y cnau, gwybedog mannog
a brych y coed yn eu plith. Gwrandewch am y
gnocell werdd yn dyrnu â'i phig ac am alwad
boncath yn mewian wrth fodio ar yr awel uwch
eich pen.

## Y Llew Aur, Dinbych

Yn y Rhes Gefn, Dinbych, mae tair tafarn yn sefyll yn agos iawn at ei gilydd: y Llew Aur, y Llew Gwyn a'r Eagles. Fel yn hanes llawer o dafarnau, daeth llif y cwrw yn yr Eagles i ben ac mae yn awr yn gweini bwydydd Tsieineaidd, ond mae'r Llew Gwyn yn parhau yn dafarn i'w chwsmeriaid ffyddlon. Yn ôl Cadw, y cyngor sy'n gyfrifol am henebion Cymru, dwy siop gydag anheddau o'r G16 oedd y Llew Aur. Gellid gweld bod dwy fynedfa ar wahân, er mai dim ond un sy'n cael defnydd y dyddiau yma, ac o dan wyneb concrit cyfoes y Llew Aur mae ffrâm bren yr adeilad cynnar. Er nad hwn yw'r un gwreiddiol, mae'r drws, prif fynedfa'r Llew Aur, yn hen iawn, ac uwch ei ben mae arwyddair addas y dafarn. Er bod y tu mewn yn cynnwys taclau tafarn cyfoes mae olion y gwreiddiol yn dal i'w gweld.

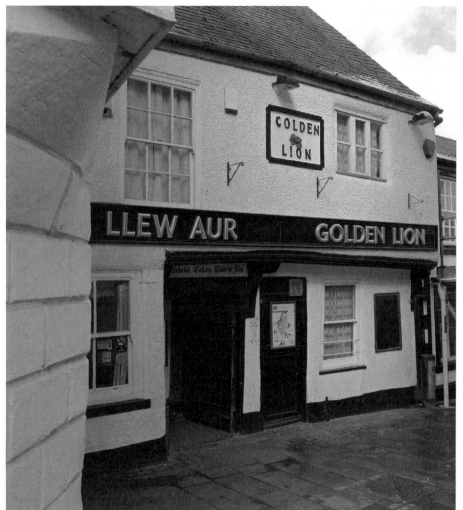

PENNOD 7

# Waliau Cynhanesyddol

## Meini hirion Penmaenmawr

Mae'r ucheldir i'r de o Benmaenmawr a Llanfairfechan yn frith o henebion gan gynnwys olion siambrau claddu, ffatri bwyeill, gwersyll neu fryngaer a sawl cylch o feini hirion.

Ar ymyl Ffridd Wanc saif un o'r esiamplau gorau o gylchoedd o feini hirion yng Nghymru. Tri ar ddeg o feini oedd yno'n wreiddiol ond mae dau wedi mynd ar ddifancoll. Pan archwiliwyd y safle yn y 1950au daethpwyd o hyd i sawl wrn oedd yn cynnwys gweddillion cyrff plant oedd wedi eu hamlosgi. Mae'n bur debyg bod y ddefod – yr arferiad o aberthu drwy amlosgi – wedi dod i ben erbyn 1400 CC, a phrofa hyn bod y meini hirion yn dyddio o gyfnod cynharach na hynny. Felly, ni ellir eu cysylltu â'r derwyddon.

Er bod llwybr troed cyfoes, Llwybr Gogledd Cymru, yn pasio o fewn ychydig fetrau i'r meini, mae tystiolaeth bod 'ffyrdd' neu 'heolydd' hynafol yn agos i'r safle.

Mae'r ucheldir hwn yn un hynod bwysig yn hanes y Brythoniaid o gyfnod 3000 CC ymlaen. Ar ochr orllewinol Mynydd Penmaenmawr, ar gopa Graiglwyd, roedd ffatri gwneud bwyeill carreg. Mae'r garreg sydd yno, *augite granophyre*, yn un hawdd ei thrin a'i hollti er mwyn cael llafn miniog, a gwaith rhwydd hefyd yw caboli'r garreg er mwyn cael wyneb llyfn, sgleiniog arni. Darganfuwyd bwyeill o'r ffatri hon yn yr Alban, Lloegr ac ar y cyfandir.

Yma hefyd, ar gopa mynydd Penmaenmawr, roedd gwersyll Braich y Ddinas (2500 CC). Erbyn heddiw prin iawn yw'r dystiolaeth weledol o'r gwersyll a'r ffatri gan fod chwarel granid (*granite*) Penmaenmawr ers ei sefydlu yn gynnar yn y G19 wedi (ac yn dal i) leihau'r mynydd a dinistrio un o safleoedd hanesyddol godidocaf – a hwyrach, pwysicaf – y Brythoniaid.

## Pentre Ifan, Penfro

Siambr gladdu Oes Neolithig, ac un o'r enghreifftiau gorau o gromlech ym Mhrydain. Yn ystod archwiliad archeolegol yn 1936 daethpwyd o hyd i resi o gafnau neu rychau defodol o dan domen Pentre Ifan. Profodd hyn fod y safle wedi'i ddefnyddio ar gyfer defodau cyn codi'r siambr gladdu yno. Lleoliad hudolus; mae fel petai maen y to yn dangos llwybr drwy'r machlud i'r bywyd nesaf.

## Siambr gladdu Gwâl y Filiast, Llwyneliddon, Caerdydd

Nid nepell o gromlech anferthol Carreg Castell mae cromlech syml Gwâl y Filiast. Heddiw saif y gromlech hon yng nghanol tir pori. Mae'r maen to yn mesur 3.0 medr wrth 0.7 medr, llawer llai nag un Carreg Castell. Bydd haul hirddydd haf yn machlud yn union o flaen y gromlech, ac enw arall arni yw Siambr Maes y Felin.

## Siambr gladdu Carreg Castell, y Dyffryn, Caerdydd

Maen to Carreg Castell sy'n denu'r sylw, sef y maen to mwyaf o holl siambrau claddu Prydain. Mae'n pwyso deugain tunnell ac yn mesur dros 7 medr wrth 4 medr. Pan archwiliwyd y siambr yn 1914 cafwyd naw cant ac ugain o esgyrn dynol ynddi, bron pob un wedi'u torri; esgyrn tua deugain o bobl, yn oedolion a phlant. Enwau eraill ar yr un man yw Llech y Filiast a Maes y Filiast.

# Y Cymoedd

## Tai teras cymoedd diwydiannol y de

Mae trwch poblogaeth cymoedd de Cymru yn byw mewn tai teras sydd dros gan mlwydd oed, y rhan fwyaf ohonynt wedi'u hadeiladu â charreg o chwareli cyfagos. Bu i'r tai teras esblygu dros y blynyddoedd, a'r newidiadau mwyaf amlwg o'r tu allan yw'r toeau o deils sydd wedi disodli'r llechen Gymreig. Gyda dyfodiad gwres canolog gwelwyd diflaniad simneiau, a ffenestri gwydr dwbl plastig sy'n cymryd lle'r fframiau *sash* pren bellach. Diflannu hefyd mae'r leiniau dillad, yn brawf bod y peiriannau cyfoes yn ennill eu lle.

## Pwerdy glofa'r Scotch

Daeth pwerdy glofa'r Scotch, dan berchnogaeth yr Albanwr Archibald Hood, yn ganolbwynt anghydfod Tonypandy yn Nhachwedd 1910. Bu glowyr y Rhondda yn streicio am degwch cyflogaeth, ac o'r herwydd, caewyd y rhan helaeth o'r pyllau. Yn absenoldeb gweithwyr byddai'r gwythiennau glo yn llenwi â dŵr a nwyon peryglus, ond roedd gan lofa'r Scotch yn Llwynypia bwerdy trydan a gweithwyr 'sgab' i'w gynnal. Penderfynodd y streicwyr gynnal cyrchoedd ar y pwerdy, a'u nod oedd diffodd y peiriant ynni gan gau'r pwll agored olaf. Ofer fu'r ymgyrch, gan i Winston Churchill, yr Ysgrifennydd Cartref ar y pryd, roi ei ganiatâd i brif gwnstabl Morgannwg alw ar gymorth y fyddin i orchfygu a gormesu'r glowyr. Hyd heddiw mae enw Churchill yn atgas gan sawl teulu yn y Rhondda.

## Parc a'r Dâr, Treorci

Wedi iddynt greu undeb neu 'ffederasiwn' byddai glowyr yn cytuno i gyfrannu ceiniog o bob punt o'u cyflog tuag at adeiladau hamdden, ac felly mae *Miners' Insitutes* yn lled fynych yng nghymoedd y de. Ynddynt roedd llyfrgelloedd, ac ystafelloedd darllen ac ymgom. Un o'r 'stiwts' sy'n dal yn boblogaidd, er mai fel theatr a sinema mae hynny, yw'r un ym Mharc a'r Dâr, Treorci.

## Eidalwyr cymoedd y de

Ar ddiwedd y G19 mudodd nifer o Eidalwyr o'u mamwlad o ganlyniad i'r chwyldro diwydiannol. Daeth y rhan helaeth o dref Bardi ger Parma, gan ymgartrefu yn bennaf yng nghymoedd Morgannwg, ac roedd yn beth lled gyffredin iddynt agor tai bwyta (*caffes*), siopau sglod-a-sgod a pharlyrau hufen iâ. Roedden nhw – ac maen nhw'n dal i fod hyd heddiw – yn bobl fusnes craff, wastad yn sicrhau fod digon o newid (arian mân) wrth law yn y til a bod glanweithdra ar ei orau.

# Capeli ac Eglwysi

## Capel Soar y Mynydd

Soar y Mynydd yw un o gapeli mwyaf anghysbell Cymru. Saif mewn llecyn diarffordd ger afon Camddwr ar gyrion coedwig Tywi, rhwng Tregaron a Rhandir Mwyn, mewn ardal hynod. Adeiladwyd y capel yn 1820 ar gais y Parch Ebenezer Richards, Tregaron, i'r Eglwys Bresbyteraidd yng Nghymru, er mwyn gwasanaethu cynulleidfa wledig. Darparwyd ysgol i blant yno hyd at 1940.

## Yr eglwys leiaf yng Nghymru a Lloegr

Mae adeilad presennol Eglwys Trillo Sant yn dyddio'n ôl i'r ail ganrif ar bymtheg ond credir i Sant Trillo sefydlu ei eglwys yn Llandrillo-yn-Rhos yn y chweched ganrif. Yn mesur 3.3 medr wrth 4.0 medr, does ond lle i gynulleidfa o chwech i eistedd neu ddeuddeg i sefyll yno. O dan yr allor mae ffynnon Trillo. Erbyn hyn ymwelwyr o bell yn bennaf sy'n mynychu gwasanaethau achlysurol yno.

## Eglwys Llanrhychwyn

Ar ystlys orllewinol Dyffryn Conwy, mae Eglwys Llanrhychwyn fel capsiwl amser. Mae rhan fwyaf hynafol yr adeilad presennol yn dyddio'n ôl i'r unfed ganrif ar ddeg, er bod sôn i Rhychwyn Sant sefydlu ei eglwys yma yn y chweched ganrif. Perthyn ystlys ddwyreiniol yr eglwys i'r drydedd ganrif ar ddeg a'r ochr ogleddol i'r unfed ganrif ar bymtheg. Ymysg ei henebion mae ffenestri gwydr lliw cynnar, bedyddfaen sgwâr, elor, a drws â cholfachau pren yn hytrach na cholfachau haearn. Bu Llywelyn Fawr a Siwan yn mynychu'r eglwys hyfryd hon.

## Eglwys Tydechno, Mallwyd

Saif pentref bach Mallwyd ar briffordd yr A470 ar y ffin rhwng Gwynedd a Phowys, nid nepell o afon Mawddach a'r nid anenwog Brigands Inn. Mae'n debyg i'r Cernywiad Tydechno sefydlu un o'i eglwysi yma ym Mallwyd yn y chweched ganrif. Dros y canrifoedd (14–18) addaswyd adeilad presennol yr eglwys, hynny yw, symudwyd y drysau a'r ffenestri. Trawstiau anferthol sy'n dal y to, ac mae iddi ddwy lofft neu oriel serth. Mae tŵr yr eglwys yn gartref i dair cloch o'r G17 a'r G18.

Er i rai honni mai asgwrn a dant morfil sydd uwchben y cyntedd, credir mai esgyrn anifail cyn-hanesyddol ydynt, esgyrn a ddaeth i'r golwg wrth wneud gwaith cloddio yng Nghae'r Llan gerllaw yn 1914.

Er bod adeilad Eglwys Tydechno yn hynod ddiddorol, yr ysgolhaig, serch hynny – yr Athro John Davies (1567–1644) a fu'n rheithor yn ardal Mallwyd am 30 mlynedd – sy'n dwyn fy sylw i. Cafodd ei eni yn Llanferres, sir Ddinbych, ac enillodd radd mewn Diwinyddiaeth yng Ngholeg Lincoln, Rhydychen cyn dod yn gyfaill i William Morgan a'i gynorthwyo gyda chyfieithu'r Beibl. Mewn rhagair i'w lyfr ar ramadeg Cymraeg *Antiquae Linguae Britannicae Rudimenta* (1621), disgrifiodd John Davies ef ei hun fel 'cynorthwy-ydd annheilwng'. Yn 1632 creodd a chyhoeddodd y geiriadur Cymraeg cyntaf, *Dictionarium Duplex* (geiriadur Cymraeg/Lladin).

# Dŵr

## Argae Llyn Eigiau, Dyffryn Conwy

Ar 2 Tachwedd 1925, ar ôl glawogydd trwm, rhwygodd argae Llyn Eigiau gan ollwng ei ddyfroedd i lifo i lawr y cwm, gan godi lefel y dŵr yn argae Coedty islaw gan beri i hwnnw dorri hefyd. Llifodd y dilyw yn ddisymwth ar bentref Dolgarrog, a bu farw dau ar bymtheg o drigolion y pentref yn y drychineb. Diffygion yn yr adeiladu oedd yn gyfrifol am y gwendid yn yr argae, oedd yn darparu dŵr i bwerdy Dolgarrog yn bennaf, er mwyn cyflenwi gwaith alwminiwm cyfagos.

## Cronfa ddŵr Cwm Elan

Argae Craig Goch yw'r uchaf o argaeau Cwm Elan. Boddwyd cymunedau amaethyddol a thraddodiadol Cymreig Cwm Elan, ynghyd ag ystadau gwledig dan berchnogaeth Seisnig. Gweddnewidiwyd darn sylweddol o ganolbarth Cymru am byth i greu cronfa ddŵr anferthol i ddiwallu anghenion dinas Birmingham o ddiwedd y bedwaredd ganrif ar bymtheg ymlaen. Ni thalwyd unrhyw iawndal i frodorion Cwm Elan am golli eu bywoliaeth a'u hetifeddiaeth, ac yn 2006 gwrthododd Cyngor Dinas Birmingham gais gan Gymdeithas Celfyddydau Rhaeadr a'r Cylch am gyfraniad tuag at amgueddfa a chanolfan ddehongli'r argaeau. Ar ddiwedd 2016 gwelwyd peipen newydd, mwy o faint, yn cyrraedd Cwm Elan er mwyn mynd â mwy o ddŵr yn gyflymach i ddinas Birmingham.

## Argae Marchlyn Mawr

Dechrau stori drydanol yw argae a chronfa ddŵr Marchlyn Mawr, sy'n ffynhonnell system 'cadw a chreu' (*pump storage*) ynni. Gorwedda'r gronfa yn uchel ar Fynydd Perfedd wrth ymyl gogleddol Elidir Fawr. Ar odre de-ddwyreiniol Elidir Fawr, ymysg gweddillion chwarel lechi Dinorwig, mae mynedfa i bwerdy tanddaearol anferthol – pwerdy sy'n medru ymateb ar amrantiad i alwad gan y Grid Cenedlaethol am drydan. Wrth ollwng dŵr o'r gronfa i lawr trwy gyfres o bibelli i'r tyrbeini, crëir trydan yn y fan a'r lle, a bydd y dŵr yn gorffen ei daith yn Llyn Peris gerllaw. Er mwyn ail-lenwi'r gronfa bydd y dŵr yn cael ei bwmpio'n ôl yn ystod y nos pan fydd llai o alw am drydan.

## Argae Stwlan

Er yr holl gyhoeddusrwydd a gafodd pwerdy Dinorwig pan agorwyd ef yn 1984, mae pwerdy Ffestiniog a Chronfa Stwlan yn haeddu clod gan mai hwn oedd y cyntaf o'i fath ym Mhrydain.

Ar droad y G19/20 argaewyd llyn Stwlan a'i newid yn gronfa er mwyn defnyddio'r dŵr i gynhyrchu trydan ym mhwerdy lleol Dolwen ger Tanygrisiau. Ffurfiwyd y cwmni gan Chwarel Hafoty ar gyfer cyflenwi trydan i'r diwydiant llechi lleol.

Erbyn y 1950au, cymaint oedd y galw am drydan yng Nghymru a Lloegr fel y bu'n rhaid i'r Bwrdd Canolog Cynhyrchu Trydan ystyried y system 'cadw a chreu' (*pump storage*) fel dull o gynhyrchu trydan yn sydyn ac yn ôl y galw. Yn 1955 pasiwyd deddf gwlad y North Wales Hydro Electric Power Act 1955, ac yn fuan wedyn aed ati i addasu'r system leol ar gyfer cyflenwi'r Grid Cenedlaethol. Yn 1963, bron ugain mlynedd cyn agor Pwerdy Dinorwig, comisiynwyd Pwerdy Ffestiniog.

Wrth deithio ar yr A470 tua'r gogledd, wedi pasio Trawsfynydd a chyn cyrraedd Gelliwastad, edrychwch ar ystlys mynyddoedd Moelwyn Mawr a Moelwyn Bach fydd yn eich wynebu, a chlogwyni Ceseiliau Moelwyn a Charreg Blaen Llyn, i weld os fedrwch chi gael cipolwg ar wal argae Stwlan.

## Melin Llandudoch

Un o gynghorion cyson yr unfed ganrif ar hugain yw 'bwytewch yn lleol', fel petaen ni heb arfer gwneud hynny eisoes yng Nghymru! Pa fwydydd oedd yn fwy lleol na blawd a bara? Bu gan bob plwyf, pentref a thref eu melinau lleol, ac anodd yw credu mai ond llond llaw o felinau malu blawd sy'n dal i falu yng Nghymru erbyn heddiw. Trist yw nodi bod cenedlaethau o Gymry bellach nad ydynt wedi gweld olwynion melin wynt neu ddŵr yn troi nac wedi prynu bara gan bobydd o bopty lleol. Mae llawer o'r melinau hyn wedi dadfeilio, ac eraill wedi'u newid i fod yn anheddau.

Un o'r melinau prin hynny sy'n dal i falu yw Y Felin, melin ddŵr Llandudoch. Mae tystiolaeth bod melin ddŵr wedi bod ar y safle ers 1640, a gellir gweld olion sawl estyniad i'r felin wreiddiol ar ei wal gefn, wal yr olwyn ddŵr.

## Melin lanw Caeriw

Nentydd neu wynt sy'n dod i'r meddwl gan amlaf pan ystyriwn yr ynni a ddefnyddir i yrru melinau, ond mae melin lanw Caeriw yn enghraifft brin o felin yng Nghymru oedd yn dwyn ynni o lanw a thrai. Mae'r felin yn dyddio o tua 1800, er ei bod yn sefyll ar fan lle bu melin gynharach, ac er nad yw'n dal i falu mae'r adeilad mewn cyflwr trwsiadus ar ôl cael ei adfer yn y 1970au.

Cyn adeiladu sarn i ddal y dŵr mewn cronfa, dim ond pedair gwaith y dydd – gyda rhod y ddau lanw a thrai – roedd modd i'r felin droi. Ond ar ôl adeiladu'r sarn i gronni'r dŵr, roedd yn bosib troi'r felin yn ôl y galw. Yr ochr uchaf i gronfa ddŵr y felin mae castell Caeriw, castell ac iddo hanes dyrys.

PENNOD 11

# Masnach

## Prynu drwy'r post gan Pryce-Jones, y Drenewydd

Yn enedigol o Lanllwchaearn, bwriodd Pryce Pryce-Jones ei brentisiaeth fel dilledydd a theiliwr yn y Drenewydd cyn agor siop fechan yn gwerthu dillad a deunydd gwlanen yn y dref yn 1859. Gyda llwyddiant y siop a'r ffaith fod y Drenewydd yng nghanol bwrlwm y diwydiant gwehyddu gwlân yng Nghymru, adeiladodd Pryce-Jones warws trawiadol yn 1872, The Royal Welsh Warehouse, ar fryn yn edrych i lawr dros y dref.

Wrth i'r rheilffyrdd gysylltu ardaloedd poblog Lloegr â'r Drenewydd, a gyda'r gwelliant yn system bost Prydain, bu modd i Pryce-Jones ddanfon catalog o'i gynnyrch gwlanen Gymreig i bedwar ban byd. Ymysg ei gwsmeriaid roedd Florence Nightingale a'r Frenhines Fictoria, a'r eitem fwyaf llwyddiannus yn y catalog oedd carthen Euklisia, carthen roedd yn bosib eistedd y tu mewn iddi – rhagflaenydd y sach gysgu. Archebwyd chwe deg mil o'r carthenni hyn gan fyddin Rwsia, ond yn dilyn gorchfygiad tref Plevna yn 1877 diddymwyd yr archeb. O ganlyniad, cynigiodd Pryce-Jones fwndeli ohonynt am bris rhesymol iawn. Bu cwmnïau 'prynu drwy'r post' (*mail order*) yn yr adeiladau tan ddiwedd yr ugeinfed ganrif.

## Melin wlân Llanidloes

Ers ei sefydlu yn Llanidloes yn 1834, cafodd adeilad ffatri wlân Pen-y-bont sawl bywyd; daeth yn glwb bechgyn yn 1934 ac erbyn heddiw mae'r adeilad wedi'i droi'n fflatiau moethus.

## Melin y Coed, Ffatri Glyndŵr, Ffatri Isaf a phont Rufeinig

Melin wlân ac iddi sawl enw. Bu diwydiant gwlân ar y safle Melin y Coed, Dyffryn Machno, ers canrifoedd. Pandy oedd yno i ddechrau, mwy na thebyg, sef lle i olchi brethyn gorffenedig er mwyn cael gwared ar unrhyw faw ac olew ohono, ac i wneud y defnydd yn fwy trwchus. Yn 1830, wedi cyfnod yn denantiaid yn gweithio'r felin, prynodd Hannah Jones a'i meibion y lle gan Ystad y Penrhyn, Bangor. Adeiladwyd y felin fel ag y mae heddiw yn 1913, fwy na heb, a buan iawn y daeth Melin y Coed yn enwog am gynnyrch o'r safon uchaf.

Yn chwarter cyntaf yr ugeinfed ganrif newidiwyd yr olwyn ddŵr am bibell a thyrbein i greu ynni i'r ffatri. Trwy sgwrio a glanhau'r edafedd cyn ei ddefnyddio gellid arbed ei olchi ar ôl ei wehyddu – gan fod y felin yn defnyddio proses arbennig i greu gwead dwbl, oedd yn cynhyrchu brethyn gwydn a thrwm, nid oedd angen ei dewychu bellach. Gyda'u llif-liwiau unigryw, mae carthenni Hannah Jones yn gwerthu am brisiau uchel yn ail-law hyd heddiw.

Stori ar lafar am y felin oedd bod un o'i rheolwyr mor gybyddlyd fel nad oedd yn hapus i aelodau'r gweithlu wastraffu amser trwy ddefnyddio'r tŷ bach, felly gosododd y lle chwech mewn man 'anghyfleus' uwchben bwrlwm yr afon. Tybed beth oedd ef ei hun yn ei wneud ar alwad natur?

Dafliad carreg i lawr yr afon o Felin y Coed mae'r hon a elwir 'y Bont Rufeinig' yn croesi afon Machno. Er nad yw ymhell o'r rhan o ffordd Rufeinig Sarn Helen sy'n cysylltu Trawsfynydd a Betws-y-coed, pont fwa o gerrig yn dyddio o tua diwedd y G16 ydyw. Mae'n cuddio yng nghanol drysni o ddail, mwsoglau a chen ac mae'n hawdd ei methu, ond unwaith y gwelwch hi mae'n wledd i'r llygaid ac yn rhyfeddod.

Rhaid nodi nad yw'n ddiogel ei chroesi – wedi'r holl flynyddoedd mae ei chanol yn dechrau simsanu. Serch hynny, mae llwybrau cerdded di-rif o gwmpas yr ardal hon; llwybrau serth trwy'r coed sy'n aml yn wlyb dan draed. Gallwch weld a chlywed llu o adar y coedydd o'ch cwmpas, ac efallai, os ydych yn sylwgar iawn, y gwelwch gip ar fronwen y dŵr yn dawnsio ar graig a phlymio i'r afon.

## Siop Bunners, Trefynwy

Siop haearnwerthu draddodiadol sy'n gwasanaethu ardal
wledig er 1892 yw Bunners. Mae'n gwerthu pob dim o hoelion i
dractorau. Llwyddodd teulu'r Bunners i arbed cymeriad y siop –
yn dyst i hynny mae'r ffenestri Georgaidd, y talcen Edwardaidd,
yr ystafelloedd bychan di-rif, y silffoedd gorlawn a'r nwyddau sy'n
hongian o fachau yn y nenfwd. Bunners, hefyd, yw un o'r ychydig
lefydd ar ôl yng Nghymru sy'n gweini petrol i'r cwsmer.

## Mart Dolgellau a Thregaron

'Os hoffech wybod sut mae dyn fel fi yn byw
Mi ddysgais gan fy nhad grefft gyntaf dynol ryw ...' *John Ceiriog Hughes*

Os mai amaeth yw'r grefft gyntaf, nid yw masnach ymhell ar ei hôl hi. Canolfannau masnachu sy'n rhoi gwasanaeth tra phwysig yng nghefn gwlad yw'r rhai hynny sy'n gwerthu anifeiliaid byw ar ran amaethwyr – sôn ydw i am y mart lleol. Dwy o'r canolfannau hynny a fydd dan eu sang gyda chenedlaethau o amaethwyr – yn brynwyr ac yn werthwyr; rhai i fusnesa, rhai i brofi'r hwyl a phob un yn arbenigwr – yw mart Tregaron a mart Dolgellau.

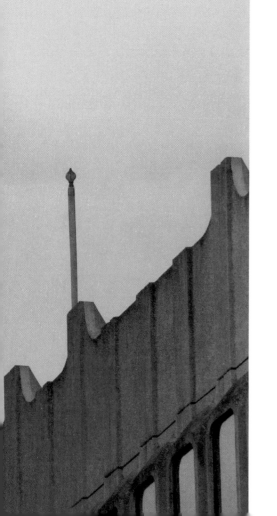

# Lerpwl

## Y strydoedd Cymreig ac Eglwys y Drindod

Ar eu hanterth ar ddiwedd y bedwaredd ganrif ar bymtheg, roedd dros hanner cant o eglwysi a chapeli Cymreig ar Lannau Merswy, yn dyst fod poblogaeth helaeth o Gymry'n byw ac yn gweithio yn ninas Lerpwl, 'prifddinas gogledd Cymru' fel y'i gelwid.

O bosib, yr adeilad mwyaf trawiadol ohonynt oll oedd Eglwys y Drindod yn Princess Road, Toxteth, gyda'i thŵr yn ymestyn 200 troedfedd i'r awyr – 'The Welsh Cathedral', chwedl y brodorion. Erbyn heddiw mae'n dirywio'n druenus.

Lai na hanner milltir i ffwrdd mae ardal The Welsh Streets. Adeiladwyd tua 4,000 o dai mewn strydoedd teras yn 1890 gan adeiladwyr Cymreig, D. Roberts a'i Fab, ar gynllun pensaer o Gymro, Richard Owens. Heddiw mae dyfodol y tai yn y fantol gan mor druenus yw eu cyflwr. Beth ddylid ei wneud – chwalu ac ailddatblygu o'r newydd ynteu adfer y strydoedd sy'n dwyn enwau pentrefi Cymreig? Yn eu mysg mae rhif 9, Stryd Madryn, lle ganwyd a magwyd Richard Starkey (Ringo Starr), drymiwr y grŵp anfarwol Y Beatles.

Erbyn hyn, mae Powis Street wedi ei hadfer, a thenantiaid newydd wedi ymgartrefu yn y tai; hyn oll ar ôl i'r BBC ddefnyddio'r lle fel un o brif leoliadau'r ddrama gyfres boblogaidd, *Peaky Blinders*.

TREBORTH STREET L3

DOVEY STREET 8

RHIWLAS STREET

TEILO STREET

PENGWERN STREET L8

City of Liverpool

ELWY STREET L8

PENNOD 13

# Ar yr A5

## Artistiaid a Betws-y-coed

Erbyn diwedd y 18 ganrif, a chyn datblygu'r A5 ar draws Gogledd Cymru, roedd ardal Dyffryn Conwy a Betws-y-coed eisoes yn gyrchfan i artistiaid ac ymwelwyr ariannog o Loegr. Nod llawer o'r artistiaid oedd creu darluniau a phaentiadau i'w harddangos yn orielau Llundain, ond bu rhai hefyd yn darlunio ar gyfer llawlyfrau a llyfrynnau teithio. Eu barn oedd bod yr ardal cystal â'r Swistir am olygfeydd godidog darluniadol *in the picturesque*.

Bu Pont y Pair ar afon Llugwy a'r rhaeadrau cyfagos yn hoff destunau ganddynt. Hwn oedd cymal olaf y ffordd gul o ochrau Conwy a Threfriw wrth deithio i gyfeiriad Betws-y-coed a chyn mynd ymlaen ar yr hen lôn (cyn datblygiad yr A5) i gyfeiriad Capel Curig a'r Wyddfa.

Wedi deddf uno 1800, deddf oedd i uno Prydain ac Iwerddon, penderfynwyd adeiladu ffordd fawr yr A5 – penderfyniad a wnaed, yn anad dim, er mwyn creu cysylltiadau hwylus rhwng Llundain a Dulyn. Ond profodd datblygiad Lôn y Goets Fawr a'r Goets Bost yn fendith ac yn felltith i ogledd Cymru. Gyda'r lôn datblygodd sgil-ddiwydiannau, gan gynnwys twristiaeth.

Ym Metws-y-coed manteisiodd llawer o'r brodorion ar y cyfle i wneud arian ychwanegol, yn enwedig o bocedi'r artistiaid, trwy ddarparu gwely a brecwast. Gydag agoriad gorsaf reilffordd yn y pentref yn 1879 gwelwyd cymaint o gynnydd yn nifer yr ymwelwyr fel y bu'n rhaid adeiladu eglwys newydd ar eu cyfer, gan fod eglwys hynafol Mihangel Sant yn rhy fach i'r cynulleidfaoedd estron. Yn ogystal, bu ailadeiladu ac ymestyn ar westy'r Royal Oak. Peintiwyd arwyddlun y gwesty gan un o'i ymwelwyr enwocaf a chyson, sef yr artist David Cox. Mae'r arwyddlun gwreiddiol bellach i'w weld mewn ffrâm yn lolfa'r gwesty.

## Tros Afon, Betws-y-coed

Erbyn diwedd y ddeunawfed ganrif nid oedd yn anghyffredin i artistiaid enwog deithio i fannau gwledig Prydain er mwyn creu paentiadau olew neu ddyfrlliw, neu ddarluniau siarcol a phensil, o dirluniau a golygfeydd o fywyd gwledig. Un o'r artistiaid hynny a deithiodd yn rheolaidd i ogledd Cymru oedd David Cox o Birmingham (1783–1859). Testun un o'i baentiadau olew oedd golygfa o du mewn bwthyn Tros Afon, Betws-y-coed, neu 'Oil Painting – Cottage Interior, Trossavon near Bettws-y-Coed', yn ôl cofrestr Amgueddfeydd ac Oriel Gelf Birmingham. Mae adfail Tros Afon i'w weld ger ymyl uchaf cae cyfochrog i lwybr sy'n arwain at Lyn Elsi. Mae'n bosib mai hynafiaid teulu (Eryri Jones) a Hughes a ddarluniwyd yn y paentiad. Mae disgynyddion y teulu yn dal i fyw yng ngogledd Cymru heddiw.

## Cernioge

Ar hyd yr A5 rhwng Cerrigydrudion a Phentrefoelas saif Cernioge – stablau i newid ceffylau a gorffwysfa i deithwyr y Goets Fawr a Choets y Post a sefydlwyd yn niwedd y ddeunawfed ganrif. Rhaid oedd cael nifer o fannau aros fel hyn ar y daith hir ar hyd yr A5 o Lundain i Gaergybi. Ynghyd â thollbyrth, ambell gulfan basio a phontydd nid anenwog, mae ffordd yr A5 yng Nghymru wedi cadw cryn nifer o'i elfennau gwreiddiol, nodweddion sydd o bwys hanesyddol. Un o'r enghreifftiau llai adnabyddus yw Cernioge, a saif ar ymyl y ffordd.

## Pont Menai

Campwaith a chymal olaf yr A5 oedd Pont Menai, a agorwyd ar 26 Ionawr 1826, ar ôl cwblhau'r lôn ar ynys Môn. Mynnodd y Morlys fod y bont yn ddigon uchel uwchben lefel y dŵr fel y gallai eu llongau tal hwylio oddi tani yn ddidrafferth. Pont grog o gadwyni anferthol oedd ateb Thomas Telford i'r gorchymyn – y cyntaf o'i bath yn y byd. Mae hi'n sefyll ar gyfres o waliau â gwagle yn eu canol, wedi eu gwneud o galchfaen hen chwarel gyfagos Penmon.

Ofer braidd fu'r gorchymyn am bont uchel, gan i beiriannau stêm, yn llongau a threnau, ddisodli llongau hwylio fel modd o gymudo a chario nwyddau yn fuan wedyn.

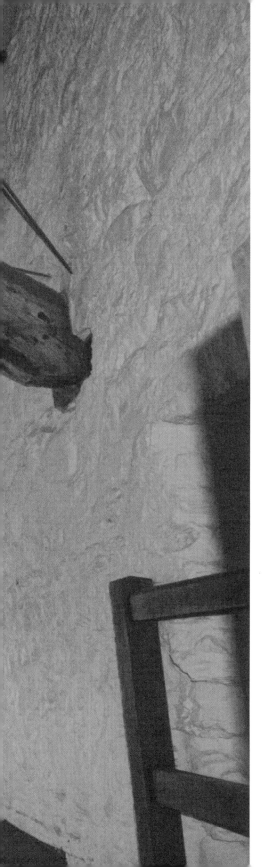

# Waliau hynod

## Yr annedd gyda'r olygfa orau yng Nghymru

Ar ochr uchaf Dyffryn Nantlle, gerllaw Llyn y Dywarchen, saif adfeilion bwthyn sydd, o bosib, yn mwynhau'r olygfa orau yng Nghymru. O'r trothwy a'r ffenestri mae modd gweld panorama godidog sy'n cynnwys Bwlch Main, Clogwyn Du'r Arddu a chopa'r Wyddfa.

Cred rhai mai'r llyn hwn oedd yr un â'r ynys oedd yn nofio ar y dŵr y soniodd Gerallt Gymro amdano. Tybed ai tywarchen anferthol o fawn oedd yr 'ynys' honno?

## Diwrnod cneifio, Pennant, Gwytherin

Ar ymyl Mynydd Hiraethog uwchben Pennant, Gwytherin, mae ffermydd mynydd yr ardal. Yn eu mysg mae fferm Merddyn, lle mae Tudor Thomas a'i deulu'n didoli a chneifio'r ddiadell yn yr awyr agored, bob blwyddyn yn ddi-feth. Erbyn hyn, creu waliau dros dro yw'r dull mwyaf hwylus ganddynt – yn rhesi a chorlan o fetel, a darn o gynfas yn do er mwyn cysgodi aelodau'r teulu ar ddiwrnod crasboeth. Ar ddiwedd y dydd fe fyddan nhw'n rhyddhau'r ddiadell, pacio'r waliau a mynd am adref.

## Parc cwningod Pentrefoelas

Ar ymyl tir amaeth Ffridd y Foel ger
Mynydd Hiraethog, nid nepell o
Bentrefoelas, mae lloc/corlan/ffald siâp
petryal sydd â waliau talach na phob
wal gyfagos ar Stad y Foelas. Yn ôl y
sôn, amgaewyd y tir er mwyn creu parc
i gadw cwningod i'w gwerthu am eu
ffwr a'u cig. Honnir bod sylfaen y wal
yn ymestyn tua medr i'r pridd – ni all
unrhyw gwningen, hyd y gwn i, neidio
dros waliau tua dwy fedr o uchder, ond
mae cwningod yn giamstars ar gloddio
dan y ddaear!

Dengys yr ail lun y gwahaniaeth
mewn uchder rhwng wal gerrig y Parc
Cwningod a wal amaethyddol arferol,
ble mae amaethwr lleol wedi manteisio
ar ymyl y wal i greu rhes ddidoli.

## Y Pafiliwn Pinc

Mae'n saff nodi mai'r adeilad cynfas mwyaf poblogaidd yng Nghymru yw, neu oedd, pafiliwn y brifwyl. Gwelwyd sawl lliw a siâp dros y blynyddoedd ond fu 'run yn fwy eiconig na'r Pafiliwn Pinc. Cyflwynwyd hwn i eisteddfodwyr am y tro cyntaf yn Eisteddfod Genedlaethol Abertawe, 2006. Fe ddaeth ac fe aeth, a 2015 oedd ymddangosiad olaf 'Y Pinc' ar y maes.

## Wal yr Anifeiliaid, Caerdydd

Llew, afanc, blaidd, pelican a hyena, i enwi ond ychydig: rhain yw'r anifeiliaid carreg sy'n llechu ar ben Wal yr Anifeiliaid ger Parc Bute yng Nghaerdydd.

Safai'r wal yn wreiddiol, yn y 1880au, o flaen Castell Caerdydd, ond yn 1922 bu'n rhaid ei symud tua 50 medr i'w safle presennol o flaen Parc Bute, er mwyn lledu'r ffordd fawr. Talwyd am y wal gan deulu'r Marcwis Bute, teulu ariannog yn wreiddiol o Ynys Bute, yr Alban; teulu oedd yn berchen ar nifer o lofeydd yng nghymoedd diwydiannol y de, ac ar ddociau Caerdydd.

## Wal yr Anifeiliaid, Llanidloes

Er mor rhodresgar yw Wal yr Anifeiliaid ger Castell Caerdydd, hyfryd yw symlrwydd a hiwmor y ddau fochyn sy'n gwarchod gardd a wal gefn tŷ preifat ar ymyl y ffordd fawr yn Llanidloes.

## Canolfan y Mileniwm

Fe'i hagorwyd yn swyddogol ddiwedd Tachwedd 2004. Daw'r deunyddiau – yn llechi, dur, haearn, derw, gwydr, cerrig a mwy – o Gymru benbaladr. Yn ôl y pensaer, Jonathan Adams o Gaerleon, mae'r adeilad i fod i adlewyrchu Cymreictod. Math o deyrnged i oes y Rhufeiniaid yng Nghymru yw'r llythrennau anferthol uwch mynedfa'r ganolfan.

## Senedd Cymru (Adeilad y Cynulliad)

Adeiladwyd o gynllun gan y pensaer Richard George Rogers, gŵr o dras Engl-Eidalaidd, ac agorwyd ar 1 Mawrth 2006. Y cyfarwyddyd gafodd y pensaer oedd bod angen adeilad cynaliadwy, nad oedd angen llawer o ynni i'w redeg ac wedi ei wneud o ddeunyddiau Cymreig. Hefyd, roedd yn rhaid i'r adeilad fod yn hygyrch i bawb!

   Ddydd a nos, haf a gaeaf, mae'n edrych yn bur debyg fod y cyhoedd yn cael tramwyo'n ddidrafferth o flaen yr adeilad ... ond am faint eto, tybed?

## Mur y gwenyn

Dros y blynyddoedd dangoswyd dyfeisgarwch hynod wrth addasu wal ar gyfer hwyluso gwaith trin neu gadw anifeiliaid, er enghraifft corlannau neu osod adwy i ddafad gael mynd o gae i gae.

Cefais fy nghyfareddu pan welais res o gafnau mewn waliau cerrig. Mannau i gysgodi cychod gwenyn gwellt (*skeps* yn Saesneg) rhag y gwynt a glaw ydyn nhw. Bydd y cafnau fel arfer yn wynebu'r de er mwyn cynhesu'r cwch dan wres yr haul, a gan amlaf maent yn weddol agos at dŷ a'i gegin er mwyn hwyluso'r gwaith o gadw golwg arnynt rhag llygoden reibus, neu i gario'r gwêr a'r mêl euraidd i'r tŷ.

Dolmelynllyn (chwith)
Porth Dafarch (isod)